Seebad Binz

Haus Colmsee

Seebad Binz

Ein Portrait – A Portrait – Ett Porträtt

André Farin (Text)
Volker Schrader (Fotos)

Edition Temmen

Die Deutsche Bibliothek verzeichnet diese Publikation in der Deutschen Nationalbibliografie;
detaillierte bibliografische Daten sind im Internet unter http://dnb.ddb.de abrufbar.

Übersetzung:
Hildegard und David Skevington (Englisch)
Yvonne Kölling (Schwedisch)

1. Auflage 2005

Hohenlohestr. 21 – 28209 Bremen
Tel. 0421-34843-0 – Fax 0421-348094
info@edition-temmen.de – www.edition-temmen.de

Gesamtherstellung: Edition Temmen
ISBN 3-86108-931-9

Seebad Binz

Ein Portrait

Mit dem Attribut »Ein weißer Traum« versah der Berliner Schriftsteller Ludwig Sternaux (1885–1938) das Ostseebad Binz, das er während seiner »Herbstfahrt an die Ostsee« (1918) als eine Mischung aus Meer, Strand und warmem Licht beschrieb. Wie ihm erging es vielen Besuchern des Ortes, die hierher reisten, um an Rügens Ostküste zu baden, zu promenieren, sich zu erholen.

Ein gutes Jahrhundert zuvor, als man an dieser Stelle auf der Rügen-Landkarte nur ein kleines Fischerdorf ausmachen konnte, brachte Wilhelm Malte Fürst zu Putbus (1783–1854) aus seiner fürstlichen Residenz mit dem Seebad Lauterbach die ersten Badegäste nach Binz. Die Lage des Dorfes, am Fuße eines ausgedehnten Waldreviers, der breite Strand sowie das erfrischende Salzwasser der Ostsee erleichterten dem Fürsten um 1830 die Investition in Badekarren und -zelte, die Anlage von Stegen und Alleen sowie die Organisation von Kutschfahrten auf dem alten Mönchguter Handelsweg. Der Badetourismus nahm in dem 182-Seelen-Dorf seinen Lauf und mündete am Ende des 19. Jahrhunderts in einen ersten Bauboom.

Jährlich baute man eine stattliche Zahl von Privat- und Logierhäusern, Villen und Hotels in den zum Strand führenden Straßen, um dem wachsenden Besu-

A Portrait

"A white dream" is the attribute given by the Berlin writer Ludwig Sternaux (1885–1938) to the Baltic Sea resort of Binz, which he described in his "Herbstfahrt an die Ostsee" (Autumn Trip to the Baltic Sea) (1918) as a mixture of sea, beach and warm light. Many visitors to Binz, who came here to bathe on Rügen's Baltic Sea shores, to promenade, or to recuperate, felt just as he did.

More than a century earlier, when there was only a small fishing village at this spot on the map of Rügen, Wilhelm Malte, Prince of Putbus (1783–1854), brought the first visitors to Binz from his royal residence in the seaside resort of Lauterbach. The location of the village at the edge of an extensive forested area, the wide beach and the refreshing salt waters of the Baltic Sea prompted the Prince to invest, around 1830, in bathing wagons and tents, the construction of landing stages and the laying out of avenues as well as the organisation of excursions in carriages along the old Mönchgut trading route. Tourism had its inevitable effect on this village of 182 inhabitants and, at the end of the 19th century, triggered a first building boom.

Each year, a considerable number of private residences and lodging houses, villas and hotels were built along roads leading to the beach to cater for the

Ett porträtt

Författaren Ludwig Sternaux (1885–1938) från Berlin belade Östersjö badorten Binz med attributet »En vit dröm« när han beskrev staden som en blandning av hav, strand och varmt ljus i »Höstresan till Östersjön« (1918). Många besökare som reste hit för att bada, promenera och rekreera sig vid Rügens östkust, kände likadant.

Drygt ett århundrade tidigare, när man på det här stället på Rügenkartan bara kunde hitta ett litet fiskeläge, tog Wilhelm Malte Furst av Putbus (1783–1854) med sig de första badgästerna till Binz från sitt furstliga residens med havsbadet Lauterbach. Byns läge vid foten av ett vidsträckt skogsområde, den breda stranden samt det uppfriskande saltvattnet från Östersjön gjorde det lätt för fursten att investera i badkärror och -tält, anläggning av spång och alléer samt organisation av droskturer på den gamla handelsvägen mot Mönchgut, kring 1830. Badturismen tog fart i den lilla byn med 182 invånare och kulminerade i en första byggboom i slutet av 1800-talet.

Varje år byggdes ett stort antal bostads hus, villor och hotell på gatorna som ledde till stranden, för att kunna möta den ökande anstormningen av besökare. Medan de 17 gamla fiskarstugorna var byggda med spetsgavel, halmtak och små låga fönster och dörrar, glänste de nya byggnaderna i den stil som

cheransturm zu begegnen. Während die 17 alten Fischerkaten noch mit spitzgiebeligen Strohdächern sowie kleinen, niedrigen Fenstern und Türen gebaut worden waren, glänzten die neuen Gebäude in unmittelbarer Ostseenähe in einem Stil, den spätere Generationen als Bäderarchitektur bezeichnen sollten. Villen wurden mit barocken Figuren und Säulen geschmückt, Hotels und Pensionen erhielten Holzloggien, Erker und Jugendstilfenster, die dazugehörigen Brüstungen und Zwickelfenster bekamen reichliche Verzierungen.
Die ersten Badegäste, einige Familien aus dem nicht allzu fernen Berlin, übernachteten zunächst in privat vermieteten Zimmern oder in dem einen Kilometer vom Strand entfernten Dorfkrug. Zunächst blieben die Rügenreisen ein gut gehütetes Geheimnis einiger weniger. Aber nicht lange, denn Binz erfreute sich immer größerer Beliebtheit. Aus den anfangs 80 Urlaubern des Jahres 1870 waren schon fünf Jahre später 500 Gäste geworden. Geschäftstüchtige Binzer verstanden es, aus den anfangs bescheidenen Übernachtungs- und Bewirtungsmöglichkeiten mehr zu machen. Es begann die Verlängerung der alten Dorfstraße bis zum Strand, die man in den 1880er-Jahren mit allen für den Badebetrieb notwendigen Einrichtungen und Anlagen bebaute.
In den folgenden Jahren sollte die »Aktiengesellschaft Ostseebad Binz«, eine Gründung des Bankiers Friedländer und der Brüder Sommerfeld, den wirtschaftlichen Aufschwung an der Küste fortsetzen. Im Herbst 1889 begannen sie, drei größere Villen und das Kurhaus zu

increasing number of visitors. While the village's 17 old fishing cottages had been built with pointed gables and thatched roofs and small low windows and doors, the new houses in the immediate vicinity of the Baltic Sea sparkled in a style which later generations would call spa architecture. Villas were adorned with Baroque statues and columns, and hotels and guest houses displayed wooden loggias, oriels and Art Nouveau windows while the parapets and spandrels associated with them were richly decorated.
The first spa visitors, families from not-so-far-away Berlin, found accommodation in privately rented rooms or in the "Dorfkrug" one kilometre from the beach. Initially, the trips to Rügen remained the well-kept secret of a few. But not for long, because Binz was rapidly gaining in popularity. The 80 holidaymakers of 1870 had increased to 500 just five years later. Business-minded people in Binz knew how to make more of the existing modest accommodation and restaurant facilities. The old village street was extended as far as the beach and during the 1880s all the facilities appropriate to a spa were developed along it.
In the years to follow, the "Aktiengesellschaft Ostseebad Binz" company founded by the banker Friedländer and the Sommerfeld brothers continued the economic boom on the coast. In the autumn of 1889, construction started on three large villas and the spa building. Further plans were brought to fruition at great speed, but the venture ended in bankruptcy two years later because

senare generationer skulle beteckna som badortsarkitektur, där de låg direkt vid Östersjön. Villor pryddes med barockfigurer och pelare. Hotell och pensioner fick träbalkonger, burspråk och jugendfönster och de tillhörande balustraderna och svickel-fönstren fick rika ornament.
De första badgästerna, några familjer från det närbelägna Berlin, övernattade till en början i privat hyrda rum eller på krogen, som låg en kilometer från stranden. Resor till Rügen förblev tills vidare en väl bevarad hemlighet av några få. Men inte länge, ty Binz blev alltmer populärt. Från att ha börjat med 80 semesterresenärer år 1870, var det bara fem år senare uppe i 500. Affärskunniga Binzare förstod hur man kunde vidareutveckla de först enkla möjligheterna till kost och logi. Den gamla bygatan förlängdes till stranden och bebyggdes under 1880-talet med alla för badorten viktiga anläggningar och inrättningar.
De följande åren skulle »Aktiengesellschaft Ostseebad Binz«, ett aktiebolag grundat av bankiren Friedländer och bröderna Sommerfeld, fortsätta det ekonomiska uppsvinget vid kusten. Hösten 1889 började de bygga tre större villor och kurhuset. Fler projekt följde i nästan rasande takt, men de resulterade emellertid i konkurs två år senare, då man hade överskattat turisternas tillströmning. Nu vistades 7000 badlystna i staden varje år vilket gav upphov till många nya investeringar.
Från juli 1895 nådde fastlandsborna, som kom via Putbus badorten med Rügens smalspåriga tåg. 1902 till-

erbauen. Weitere Vorhaben folgten in fast rasender Schnelligkeit, die jedoch wegen des von ihnen überschätzten Zulaufs an Touristen zwei Jahre später mit einem Konkurs endete. Inzwischen weilten jährlich 7000 Badelustige im Ort und boten Anlass für viele neue Investitionen.
Seit Juli 1895 erreichten die von Putbus anreisenden Festländer den Ort mit der Rügenschen Kleinbahn. 1902 entstand die 560 Meter lange Seebrücke, an der die Dampfschiffe mit Besuchern aus Sassnitz, Swinemünde oder Greifswald festmachten. An der Strandpromenade baute man eine Reihe von luxuriösen Villen, von denen es 1912 bereits 200 gab. In dieser Zeit betrieb man in Binz, das noch immer im Besitz der Fürsten von Putbus war, insgesamt vier Bäder mit über 350 Badezellen. Neben Damen-, Herren- und Warmbad etablierte sich bald ein umstrittenes Familienbad. Die Badeanstalten wichen in den 1930er-Jahren den Strandkörben und Freibädern. Mit dem um 1937 begonnenen Bau des Kraft-durch-Freude-Bades (KdF) in Prora, unweit von Binz, erhielt der Ort einen neuen Kurplatz vor dem Kurhaus sowie den Anschluss an die Großbahn.
Durch die Kriegszeit und den 1945 einsetzenden Flüchtlingsstrom ging der Badebetrieb zurück. In zahlreiche Hotels und Pensionen zogen Flüchtlinge und Umsiedler ein und belegten diese für Monate. In der Nachkriegszeit wurden private Initiativen im Badebetrieb zunehmend behindert und unterbunden. 1953 wurden die meisten Hotel- und Pensionsbesitzer in der »Aktion Rose«

of an over-estimation of the number of tourists who would be attracted to the spa. At the time, some 7000 visitors annually stayed in the village and provided the incentive for the many new investments.
From July 1895 onwards, visitors from the mainland arrived by the Rügen narrow-gauge railway from Putbus.
In 1902, a 560-metres-long pier was constructed and there steam boats moored bringing visitors from Sassnitz, Swinemünde and Greifswald. A number of luxurious villas were built along the beach promenade; there were already 200 by 1912. During the period of time that Binz was in the possession of the Prince of Putbus, four bath houses with more than 350 bathing units were in operation. Apart from a bath house for ladies, one for men, and a heated bath house, a controversial family bath house was soon to become part of the scene. In the 1930s the bath houses gave way to wicker beach chairs and people bathing in the open. A new bath house built in 1937, the "Kraft-durch-Freude-Bad" in Prora, not far from Binz, was accompanied by a new square in front of the spa building and at the same time the village was linked to the standard-gauge railway.
Because of the war years and the stream of refugees after 1945, spa activities receded. Refugees and resettled persons were moved temporarily into the numerous hotels and guest-houses and continued to occupy them for many months. During the post-war years private initiatives in the spa industry were increasingly discouraged and even ac-

kom den 560 meter långa piren där ångbåtarna med besökare från Sassnitz, Swinemünde eller Greifswald lade till. Vid strandpromenaden byggdes en rad lyxvillor. 1912 var det redan 200 stycken. Vid den tiden drevs sammanlagt fyra bad med mer än 350 badhytter i Binz, som fortfarande ägdes av furstarna av Putbus. Bredvid dam-, herr- och varmbad etablerades snart ett omdiskuterat familjebad. Under 1930-talet gjorde badanläggningarna plats för strandkorgar och friluftsbad. Genom bygget av »Kraft durch Freude«-badet (nationalsocialisternas organisation »kraft genom glädje«) som påbörjades år 1937 i Prora, inte långt från Binz, fick staden en ny kurplats framför kurhuset och en anslutning till järnvägen.
Badverksamheten minskade med kriget och flyktingströmmen som kom 1945. Förflyttade och flyktingar inkvarterades i hotell och på pensionat och stannade där i månader. Under efterkrigstiden hindrades och stoppades privata initiativ gällande badverksamheten mer och mer. 1953 fick de flesta hotell- och pensionatsägare sin egendom exproprierad under »Aktion Rose« – ett mörkt kapitel i Binzens historia.
Ett andra enormt anstormande av badgäster upplevde Binz efter 1972 när det dåvarande DDR utsåg staden till »Bad der Werktätigen«, Arbetarnas badort. Man ville utveckla den till landets största badort, och mer än 100.000 turister per år vällde in, framför allt från industriområden. Det fria tyska fackförbundets »Freier Deutscher Gewerkschaftsbund« semesterbyförvaltning organiserade sedan 1956 inte bara

enteignet – ein dunkles Kapitel der Binzer Geschichte.
Einen zweiten gewaltigen Ansturm an Badegästen erlebte Binz nach 1972, als die damalige Deutsche Demokratische Republik den Ort zum »Bad der Werktätigen« auserkor, ihn planmäßig zum größten Badeort des Landes entwickeln wollte und jährlich über 100.000 Urlauber vorwiegend aus den Industriegebieten hierher brachte. Der Feriendienst des Freien Deutschen Gewerkschaftsbundes organisierte ab 1956 nicht allein die Vermietung in Privatunterkünften und bescheidenen Hotelzimmern, sondern bebaute den westlichen Teil des Ortes mit weiteren Ferieneinrichtungen. Zwischen 1972 und 1983 wurden hier Hotels und Restaurants in Plattenbauweise errichtet, die in den zurückliegenden Jahren grundlegend modernisiert und auf heutigen Standard gebracht wurden.
Mit dem Jahr 1989 setzte in Binz eine Renaissance der Bäderarchitektur ein. In einem letzten großen Bauboom wurden alte Villen rekonstruiert und neue Gebäude entstanden auf unbebauten Grundstücken. Binz bekam Mitte der 1990er-Jahre seine Seebrücke zurück, 2000 eröffnete das »Haus des Gastes«, ein neu gestalteter Kurpark wurde eingeweiht und seit 2003 lockt schließlich der »Park der Sinne« an der Schmachter See-Promenade die Besucher an. Die bauliche Entwicklung von Binz – heute leben hier mittlerweile über 5400 Menschen – wurde aber mit der aufwändigen Restaurierung des Kurhauses an der Strandpromenade gekrönt.
Eine Reihe von Museen und Galerien bereichern den Ort ebenso wie unter-

tively prevented. In 1953 most hotel and guest house owners were dispossessed during the so-called "Aktion Rose" – a bleak chapter in the history of Binz.
Binz experienced its second big wave of spa visitors in the years following 1972, when the then German Democratic Republic selected the village to be the "bathing venue for workers", systematically planning its development as the country's biggest spa and annually bringing more than 100,000 holidaymakers here, mainly from the industrial areas. From 1956 onwards, the Holiday Service of the Free German Trade Union Federation not only organised the rental of private accommodation and modest hotel rooms but also built additional holiday facilities in the western part of the village. Between 1972 and 1983 prefabricated hotel and restaurant buildings were erected; in recent years, these have been thoroughly refurbished and brought up to modern standards.
In 1989, a renaissance of spa architecture started in Binz. In a last major building boom, old villas were redesigned and new buildings developed on sites not previously built on. In the mid–1990s Binz reclaimed its pier, in 2000 the "Haus des Gastes" and a newly designed spa garden were officially opened and since 2003 the "Park der Sinne" at the lakeside promenade along Schmachter See has been attracting visitors. The architectural development of Binz - which today has more than 5400 inhabitants - culminated in the restoration of the spa building on the beach promenade with no expense spared.

uthyrning av privatrum och anspråkslösa hotellrum, utan byggde även fler semesteranläggningar i västra delen av staden. Mellan 1972 och 1983 byggdes här hotell och restauranger av betong, vilka genomgått omfattande renovering till modern standard de senaste åren.
Från 1989 började badortsarkitekturens renässans i Binz. Under en sista stor byggboom rekonstruerades gamla villor och tillkom nya byggnader på dittills obebyggda tomter. Binz fick tillbaka sin pir i mitten av 1990-talet. År 2000 öppnades »Haus des Gastes«, Gästens Hus, och en ny utformad kurpark invigdes. Sedan 2003 lockas besökarna nu av »Park der Sinne«, sinnenas park, vid insjöns »Schmachter See's« strandpromenad. Byggnadsutvecklingen av Binz – idag bor här mer än 5400 invånare – fulländades av den påkostade restaureringen av kurhuset på strandpromenaden.
En rad museer och gallerier berikar staden liksom olika restauranger, spa- och idrottsanläggningar. Populära utflyktsmål som flintaåsarna nära färjehamnen Sassnitz-Mukran, Schmale Heide och Proras strand samt jaktslottet Granitz, men också megalitgravarna i Lancken-Granitz ses som välkommen omväxling för varje turist. Välskötta och nyanlagda vandrings- och cykelleder, men också den lilla jaktslottsexpressen, gör det enkelt för gästen att bestämma sig för att titta på en av landskaps- eller byggnadsattraktionerna.
Det lilla gömda fiskeläget som blev en mondän Östersjöbadort, är nog något som varje gäst gärna vill ha sett under ett besök på Rügen. Om han eller hon

schiedliche Restaurants, Wellness- oder Sportangebote. Beliebte Ausflugsziele, wie die Feuersteinfelder in der Nähe des Fährhafens Sassnitz-Mukran, die Schmale Heide und der Strand von Prora sowie das Jagdschloss Granitz, aber auch die Großsteingräber von Lancken-Granitz gelten als willkommene Abwechslung für jeden Touristen. Gepflegte und neu angelegte Wander- und Radwege, aber auch der kleine Jagdschlossexpress vereinfachen dem Gast die Entscheidung, sich eine der landschaftlichen und baulichen Attraktionen anzusehen.
Aus dem kleinen, versteckten Fischerdorf ist ein mondänes Ostseebad geworden, das wohl jeder Gast einmal gesehen haben will, wenn er Rügen besucht. Ob er in den Lobgesang des Berliner Schriftstellers über das Binz von vor 100 Jahren einstimmt, bleibt dem Besucher und Leser dieser Zeilen überlassen.

A number of museums and galleries enrich the village just as do the variety of restaurants, health and sports facilities. Favourite destinations offering additional attractions for the tourist include the fields of flint pebbles in the vicinity of the Sassnitz-Mukran ferry terminal, the Schmale Heide (heathland), Prora beach, the Granitz hunting lodge, and the megalithic tombs of Lancken-Granitz. Well-maintained hiking trails and cycle tracks together with the narrow-gauge "hunting lodge express" make it easy for the holidaymaker to visit these natural and architectural attractions.
The small secluded fishing village has become a fashionable Baltic Sea resort, which every tourist to Rügen will want to have seen. Whether he or she will wish to sing the praises of Binz as did the Berlin writer of 100 years ago is left to the visitor and the reader of these lines to decide.

instämmer i den berlinske författarens lovsång över Binz för hundra år sedan, är upp till besökaren och läsaren.

Folgende Doppelseite:
Der Architekt Otto Spalding schuf mit seinem Entwurf für ein imposantes Kurhaus das beeindruckende Gebäude in unmittelbarer Strandnähe, das seit 1908/09 die Silhouette der Promenade maßgeblich bestimmt.
Die zweigeschossige Dreiflügelanlage mit weitem Binnenhof, den pavillonartigen Enden der Seitenflügel und dem einer Krone ähnlichen Dachturm über dem Haupteingang wurden zwischen 1997 und 2001 aufwändig restauriert und durch den wiederhergestellten Kaiserhof ergänzt.

Following doublepage:
From the architect Otto Spalding's design for an imposing spa building this impressive structure was built immediately adjacent to the beach in 1908/09 and its silhouette has dominated the promenade ever since.
The two-storey, three-winged building, with its wide courtyard, the pavilion-like ends of the side wings and the crown-like roof tower over the main entrance, was restored with no expense spared between 1997 and 2001. The recreated "Kaiserhof" was added at the same time.

Följande sidor:
Arkitekten Otto Spalding skapade med sitt utkast till ett imposant badhotell den imponerande byggnaden alldeles intill stranden, som dominerar promenadens silhuett sedan 1908/09. Den två våningar höga byggnaden med sin vidsträckta gårdsplan, det kronliknande tornet på taket över huvudingången och den paviljongliknande utsmyckningen på sidoflyglarna genomgick mellan 1997 och 2001 en omfattande restaurering. Den kompletterades därefter av den återställda Kejsargården.

Für die Besucher des Badeortes erweisen sich drei Dinge als ein Muss, wenn sie von Binz sprechen: die Hauptstraße, die mit ihren Restaurants, Cafés und Geschäften bis in die Nachtstunden zum Bummeln einlädt, das vor kurzem restaurierte und in neuem Glanz strahlende Kurhaus und schließlich der Strand, einer der schönsten Strände an Rügens Ostküste, mit seiner beliebten Seebrücke.

For every visitor to the resort of Binz three things are a must: the main street with its restaurants, cafés and shops inviting one to amble into the late evening hours; the sparkling recently renovated spa building; and, last but not least, the beach with its popular pier, one of the most beautiful beaches on Rügen's east coast.

För badortens besökare visar sig tre platser vara ett måste när de talar om Binz: Hauptstraße med dess restauranger, kaféer och affärer, som inbjuder till att strosa långt in på natten, det nyligen renoverade och nu strålande kurhuset och slutligen stranden, en av de finaste stränderna med den populära piren vid Rügens östkust.

Hotels und Appartements fanden in den zurückliegenden Jahren einen festen Platz in den schmuck renovierten und sanierten Villen von einst. Kein Wunder, denn schon zur Jahrhundertwende errichtete man die Häuser im typischen Stil der Bäderarchitektur als Unterkunft für Badegäste – ähnlich wie das abgebildete »Haus Möwe«.

In recent years, many of the splendid villas have been extensively renovated and converted into hotels and apartments. No wonder, because already at the turn of the 19th century houses were being built in the typical style of the so-called spa architecture to accommodate spa visitors – such as "Haus Möwe" depicted here.

Hotell och lägenheter har de senaste åren fått en fast plats i de vackert renoverade och sanerade villorna. Detta är inte underligt, för redan vid förra sekelskiftet uppfördes husen, som logi för badgäster, i den typiska stilen av badortsarkitektur – likt det visade »Haus Möwe«.

Mit dem 5500 Meter langen Strand und den über 1800 Sonnenscheinstunden bietet Binz seinen Gästen genügend Platz und gutes Wetter, um sich in einem der blauen, roten oder weißen Strandkörbe zu erholen, eine phantasievolle Kleckerburg zu schaffen oder sich im erfrischenden Wasser der Ostsee auszutoben.

With its 5500-metres-long beach and more than 1800 hours of sunshine annually, Binz offers its visitors sufficient space and good weather to recuperate in a blue, red or white beach chair, to create an imaginative sand castle or to frolic in the refreshing waters of the Baltic Sea.

Med den 5500 meter långa stranden och fler än 1800 soltimmar erbjuder Binz sina gäster plats nog och bra väder för rekreation i en av de blå, röda eller vita strandkorgarna, för att skapa ett fantasifullt sandslott eller leka och stoja i Östersjöns uppfriskande vatten.

Das Hotel am Meer zählt zu den Gebäuden an der Strandpromenade, die nach 1989 neu errichtet worden sind und sich mit der nachempfundenen Bäderarchitektur in das Ortsbild einfügen.

The "Hotel am Meer" is one of the new buildings along the beach promenade erected after 1989 and which blends in with the spa architecture of the townscape.

Hotellet vid havet är en av strandpromenadens byggnader som uppfördes efter 1989. Det är influerat av badortsarkitekturen och smälter väl in i stadsbilden.

Die Hauptstraße, eine kleine Allee zwischen Schmachter See und Strandpromenade, ist ein beliebter Ort, um zu bummeln, einzukaufen oder gemütlich in einem Restaurant zu sitzen. Am liebsten aber tummeln sich hier im Sommer die Touristen, die ihren Kaffee gern in einem der Straßencafés trinken, die Sonne genießen und sich erholen wollen.

Hauptstraße, a small avenue between Schmachter See and the beach promenade, is a popular place for strolling, shopping or just relaxing in a restaurant. In the summer, it is the favourite place for tourists who like to take it easy, drink coffee in the street cafés and enjoy the sun.

Den lilla allén Haupstraße, mellan Schmachter See och strandpromenaden, är en populär plats att flanera på, shoppa eller sitta i lugn och ro på en restaurang. Men helst kommer turisterna som på sommaren tycker om att ta en kopp kaffe på ett av utekaféerna, njuta av solen och koppla av.

Verschnaufpause unter der Binzuhr. An der Stelle, wo die Hauptstraße auf die Strandpromenade führt, laden Bänke rund um die Platzmitte zum Erholen und Ausspannen ein. Den Beginn der älteren Promenade bildet das Dünenhaus, das mit seinem prächtigen, von Säulen verzierten Giebel und den eleganten Figuren auf dem Dach ein beliebtes Fotomotiv ist.

A pause under the Binz clock. At the point where Hauptstraße meets the beach promenade a circle of benches invites rest and relaxation. The dune house at the start of the old promenade, with its splendid columned balustrade and elegant figures on the roof, is a popular shot for photographers.

Andningspaus under klockan i Binz. Där »Hauptstraße« leder till strandpromenaden bjuder bänkar runt platsens mitt på avkoppling och rekreation. Början på den äldre promenaden är »Dünenhaus«. Ett populärt fotomotiv med sina praktfulla, med pelare utsmyckta gavlar och eleganta figurer på taket.

»Wo es dir gut geht«, lautet der Name der Villa, die ganz im Stil der Bäderarchitektur der Jahrhundertwende gebaut ist. Rügens Landrat, Dr. von Koerber, ließ das Haus 1890 als Wohnhaus errichten. Seine Frau veranlasste später den Umbau des Gebäudes als Pension.
Noch heute dient die 1997/98 restaurierte Villa als willkommene Herberge für Badegäste.

“Wo es dir gut geht” (Where you feel well) is the name of this villa, built in the typical spa architectural style of the turn of the 19th century. Rügen’s regional administrator, Dr. von Koerber, had this house built as a residence in 1890. Later, his wife had it converted into a guest house. To this day the villa, which was renovated in 1997/98, takes in spa visitors.

»Wo es dir gut geht«, där du mår bra, är namnet på villan som byggdes helt i badortsarkitekturens stil kring förra sekelskiftet. Rügens Landrat Dr. von Koerber lät uppföra huset som bostadshus år 1890. Hans fru lät senare göra om byggnaden till pensionat. Än idag tjänar den 1997/98 restaurerade villan som ett välkommet härbärge åt badgäster.

Das Hotel Granitz, versehen mit einem beeindruckenden hölzernen Balkon im Stil der Bäderarchitektur, wirbt mit seinem Traditionsrestaurant »Binzer Bierstuben«. Es zählt seit mehreren Generationen zu den guten Adressen des Ortes.

The "Hotel Granitz", with its impressive wooden balcony in spa architectural style, attracts visitors to its traditional restaurant, the "Binzer Bierstuben". For several generations it has been one of the best addresses in town.

Hotell Granitz, försedd med en imponerande träbalkong i badortsarkitekturens stil, lockar med sin traditionsrika restaurang »Binzer Bierstuben«. Det räknas sedan flera generationer tillbaka till en av ortens finare adresser.

Eine Sirene, ein Fabelwesen aus der griechischen Mythologie, thront auf der gleichnamigen Villa, die um 1910 als Pensionshaus entstanden ist. Eine aufwändig gestaltete Loggienfront und unverkennbare Jugendstilelemente zieren das Gebäude an der Promenade.

A siren, a fabled creature from Greek mythology, crowns this villa of the same name which was built around 1910 as a guest house. The extravagant frontage adorned with loggias and unmistakable Art Nouveau elements draws attention to this building on the promenade.

En siren, en sagogestalt ur den grekiska mytologin, tronar på villan med samma namn som tillkom som ett pensionat omkring 1910. En ståtligt utformad balkongfasad och omisskännliga jugendstilelement pryder byggnaden vid promenaden.

Die Villa »Glückspilz« unterscheidet sich von ihren »Jugendstilschwestern« in Strandnähe allein durch die Backsteinfassade. Das Haus entstand aber aus demselben Grund: Badegäste sollten hier, in unmittelbarer Nähe zum Ostseewasser, eine passende Unterkunft zum Wohlfühlen und Erholen finden.

The "Villa Glückspilz" differs from its Art Nouveau contemporaries near the beach in having a brick facade. How ever, the house was built for the very same reason as the others, which was to offer comfortable and relaxing accommodation for visitors on the shores of the Baltic Sea.

Villan »Glückspilz« skiljer sig från dess »jugendstilsystrar« nära stranden bara genom tegelfasaden. Huset tillkom emellertid av samma anledning: badgästerna skulle här, direkt nära Östersjöns vatten, hitta ett lämpligt logi för att må bra och vila upp sig.

Die Glasbläserei in der Schillerstraße ist eine für Rügen untypische Handwerksform. In der Schauwerkstatt kann man hautnah miterleben, wie flüssiges Glas aus dem Schmelzofen zu kunstvollen Vasen, Schalen, Kerzenständern oder Tierfiguren geformt, geblasen oder gezogen wird.

A glassblowing workshop, as seen here in Schillerstraße, is a rare sight on Rügen. In the workshop one can see at first hand how liquid glass from the furnace is blown, shaped and drawn out into artistic vases, dishes, candle holders and animal figurines.

Glasblåseriet på Schillerstraße visar på en otypisk hantverksform för Rügen. I verkstaden får man på nära håll uppleva hur den glödande glasmassan ur ugnarna formas eller blåses till konstrika vaser, skålar, ljusstakar eller djur.

Die Villa »Salve« ist eines der renommiertesten Hotels an der Strandpromenade. Hier wirkt Harald Schewe, der 2001 zum Deutschen Wirt des Jahres gewählt wurde. In den letzten Jahren hat sich das Haus mit seiner Brasserie »vom hässlichen Entlein zur glanzvollen Diva« entfaltet – wie Kritiker Manfred Gerlach es nicht treffender beschreiben konnte.

The "Villa Salve" is one of the best known hotels on the beach promenade. This is the domain of Harald Schewe who was voted German Host of the Year in 2001. In the last few years the hotel with its brasserie has developed "from ugly duckling to glamorous diva" — as was so fittingly put by the critic Manfred Gerlach.

Villan »Salve« är ett av de mest renommerade hotellen på strandpromenaden. Här arbetar Harald Schewe som 2001 valdes till »Årets Tyska Värd«. Under de senaste åren har hotellet med dess brasseri utvecklats från »den fula ankungen till en glänsande diva« som kritikern Manfred Gerlach träffande beskrev.

Kunst darf in einem Ostseebad nicht fehlen. Inmitten einer bunten Auswahl von Geschäften, Boutiquen, Cafés und Restaurants ist diese Zweigstelle der Walentowski Galerien zu finden. Neben groß- und kleinformatigen Gemälden und interessanten Grafiken entdeckt der Kunstfreund hier gut ausgewählte Skulpturen.

A Baltic Sea resort cannot do without art. You will find this branch of the Walentowski galleries in the midst of picturesque shops, boutiques, cafés and restaurants. The art lover will find not only large and small framed paintings and interesting graphics but also a range of well-chosen sculptures.

Konst får inte saknas i en Östersjöbadort. Mitt i ett omväxlande ur-val av affärer, butiker, kaféer och restauranger finns här filialen till Walentowski-galleriet. Förutom stora och små målningar och intressant grafik, upptäcker konstälskaren här utsökta skulpturer.

In Binz gibt es immerhin acht Galerien, die in ganz unterschiedlicher Form Kunst präsentieren. Die Galerie »Jahreszeiten« ist eine der Einrichtungen des Ostseebades, in der das interessierte Publikum große und kleine Kunstwerke bewundern kann. Hier öffnet auch das viel besuchte Fälschermuseum täglich seine Pforten und hält für Kinder eine Besonderheit bereit: eine eigene Fälscherwerkstatt.

In Binz there are eight galleries in all, each presenting art in its own distinctive manner. The "Jahreszeiten" gallery is one such place in the resort, where the interested public can admire large and small works of art. Here, the much frequented "Fälschermuseum" (museum of fakes) opens its doors daily and has something special in store for children: its own fake workshop.

I Binz finns det åtta gallerier som presenterar konst i helt olika former. Galleri »Jahreszeiten«, årstiderna, står för en av inriktningarna i Östersjöbadorten, och där kan den intresserade publiken beundra både stora och små konstverk. Här öppnar också det väl besökta förfalskningsmuséet dagligen sina dörrar och tillhandahåller en specialitet till barnen: en egen förfalskningsverkstad.

Mit Zitronenbildern wirbt der Künstler Robert Denier auf der Strandpromenade für sein Atelier im Haus Bellevue. Mit Ölgemälden, Kunstdrucken und Fotografien bereichert er das künstlerische Angebot in Binz. Am eindrucksvollsten aber sind seine Rügen-Kalender, deren Aufnahmen eine ganz andere Sichtweise auf die Schönheit der Insel zeigen.

The artist Robert Denier advertises his studio in the "Haus Bellevue" on the beach promenade with pictures of lemons. He contributes much to artistic life in Binz with oil paintings, prints and photographs. Most impressive though are his calendars of Rügen showing the beauty of the island in photographs with a difference.

Med citronbilder gör konstnären Robert Denier reklam på strandpromenaden för sin ateljé i huset Bellevue. Han berikar det konstnärliga utbudet i Binz med målningar i olja och med tryck och fotografier. Mest imponerande är hans Rügenalmanackor som med sina fotografier förmedlar en helt annan syn på öns skönhet.

Die Villa »Undine« errichtete man 1885 als eines von drei Wolgasthäusern auf Rügen. Aus einem Katalog für Fertigteilhäuser der Firma Kraft-Werft aus Wolgast hatte sich der damalige Besitzer das Bauwerk bestellt. Auch wenn es sich farblich von den sonst in strahlendem Weiß glänzenden Villen unterscheidet, so passt sich die Villa trotz der Holzbauweise mit zahlreichen Balkonen und kleinen Loggien gut der Bäderarchitektur an.

The "Undine" villa was erected in 1885 as one of three so-called "Wolgast Houses" on Rügen. The owner at the time ordered the building out of a catalogue of prefabricated houses from the Kraft-Werft company in Wolgast. Although the villa differs in colour from the standard sparkling white, is made of wood and has numerous balconies and loggias, it still blends in well with the typical spa architecture.

Villan »Undine« uppfördes 1885 som ett av tre »Wolgasthus« på Rüg en. Ur en katalog över monterings färdiga hus av firman Kraft-Werft från Wolgast hade den dåvarande tomtägaren beställt byggnaden. Även om färgen skiljer sig från de annars strålande vita villorna, smälter »Undine«, trots träkonstruktionen med flera balkonger, väl in i badortsarkitekturen.

Auf eine langjährige Geschäftstradition kann das »Photohaus Heinrich Zobler« zurückblicken. Um 1900 entstand der dreigeschossige Putzbau mit kleinen Ladengeschäften im Erdgeschoss. Denkmalpfleger schwärmen heute von dem Gebäude in der Hauptstraße mit Attributen wie »Neorenaissance-Baudekor« oder »Balkone im Jugendstil«.

The “Photohaus Heinrich Zobler” houses a long established photographic business. The three-storey plaster-coated building with small ground floor shops was built around 1900. Today, preservationists enthusiastically document these buildings in Hauptstraße with phrases such as “Neo-renaissance building décor” and “balconies in Art Nouveau style”.

»Photohaus Heinrich Zobler« kan se tillbaka på en mångårig affärstradition. Omkring år 1900 tillkom den tre våningar höga put-sade byggnaden med små affärer på nedre botten. Kulturminnesvårdare talar idag lyriskt om byggnaden på Hauptstraße med attribut som »byggdekor i nyrenässans« eller »balkonger i Jugendstil«.

Am Platz mit der Binzer Standuhr trennen sich die Wege der Badegäste. Entweder marschieren sie von hier aus zum alten Fischerstrand, auf die Seebrücke, in Richtung Kurhaus und Promenade oder gleich zum munteren Leben am weiten weißen Strand. Hier befindet sich zugleich eine Haltestelle der Bäderbahn des Ostseebades.

The open area with the Binz clock tower is a crossroads for visitors. From here, they either stride to the old fishermen's beach, on to the pier, to the spa build ing and promenade, or head straight for the attractions of the wide white beach. Here also is a stop for the Baltic Sea resort railway line.

Vid platsen med Binzens Klocka skiljs badgästernas vägar. Antingen går de härifrån till den gamla fiskestranden, till piren, mot kurhuset och promenaden eller direkt till det glada livet på den långa vita stranden. Här finns också en hållplats av Östersjöbadortens lilla tåg.

Am 1. Juni 1906 brannte das hölzerne Kurhaus, das eine Aktiengesellschaft in den 1890er-Jahren errichten ließ, ab. Um für den stark zunehmenden Besucherverkehr einen Ersatz zu schaffen, entschied sich die Gemeinde Binz zum Bau eines neuen Kurhauses aus Stein. Seitdem bestimmt es die Silhouette des Ortes und gehört zu den Wahrzeichen der Insel Rügen.

On 1 June 1906 the wooden spa building erected in the 1890s by a public limited company burnt down. To provide for the increasing number of visitors the local authority in Binz commissioned a replacement spa building in stone. Since then it has dominated the silhouette of the town and is one of the sights of the island of Rügen.

Den 1. juni 1906 brann kurhuset, som ett aktiebolag hade låtit uppföra i trä under 1890-talet, ned. För att skapa ersättning för den mer och mer ökande besöksströmmen bestämde Binz kommun sig för att bygga ett nytt kurhus av sten. Sedan dess dominerar det stadens silhuett och tillhör ön Rügens kännetecken.

»Kurmusik auf neuen Wegen« nannte man die erste Veranstaltung, mit der die neue »Konzertplatzanlage« im Juni 1937 feierlich eingeweiht wurde. Der Münchner Architekt Adolf Seifert plante gegenüber dem Kurhaus eine Stätte, »die sich würdig in die Reihe der vorhandenen Anlagen einfügte« und diese an Großartigkeit noch übertreffen sollte. Seitdem finden hier zahlreiche Konzerte aller Art statt.

The theme of the first event marking the official opening ceremony of the new band stand in June 1937 was the presentation of music to spa visitors in a new way. The Munich architect Adolf Seifert planned a location opposite the spa building "which blends in admirably with the existing facilities" and was even to surpass these in grandeur. Concerts of all kinds have been given here ever since.

»Kurmusik auf neuen Wegen«, kurmusik på nya vägar, kallades den första tillställningen som den nya konsertplatsanläggningen invigdes med i juni 1937. Arkitekt Adolf Seifert från München planerade en plats mitt emot kurhuset »som skulle värdig inordna sig i raden av de befintliga anläggningarna« och skulle till och med överträffa dem i storslagenhet. Sedan dess äger många konserter av alla slag rum här.

Viele Künstler, wie dieser Musikant, aber auch Händler mit ganz unterschiedlichen Produkten nutzen vor allem in den Sommermonaten die Strandpromenade, die auf ihren 3000 Metern genügend Raum bietet, sich dem breiten Publikum zu zeigen.

Many performers such as this bagpiper and also merchants selling their various wares make use of the promenade mainly during the summer months. With a length of 3000 metres, it offers enough space to display to a wide audience.

Många konstnärer, som denna musiker, men även försäljare med helt olika produkter använder framför allt under sommarmånaderna strandpromenaden, som med dess längd av 3000 meter ger plats nog att visa sig för allmänheten.

Über 50 Jahre mussten die Einwohner des Ortes auf eine Seebrücke warten, da der strenge Winter von 1942/43 die Anlage zerstörte und eine neue erst im Mai 1994 errichtet wurde. Die 370 Meter lange Brücke dient heute dem beliebten Ausflugsverkehr und bietet unzähligen Gästen die Möglichkeit, den mondänen Badeort einmal vom Wasser aus zu sehen. Die Eröffnung der neuen Brücke wird alljährlich mit einem zweitägigen Seebrückenfest gefeiert.

The villagers had to wait more than 50 years, until May 1994, for their pier, which had been destroyed in the severe winter of 1942/43, to be rebuilt. Today, the 370-metres-long pier serves the popular excursion boats and offers endless visitors the opportunity to see the fashionable resort from the water. The anniversary of the opening of the new pier is celebrated each year with a two-day festival.

I mer än 50 år fick stadsborna vänta på en pir, sedan den kalla vintern 1942/43 förstört anläggningen och en ny byggdes först i maj 1994. Den 370 meter långa piren tjänar idag som ett populärt utflyktsmål och ger otaliga gäster chansen att betrakta den mondäna badortsstaden från vattnet. Pirens öppnande firas årligen med en två dagars fest.

Kein Sommer ohne Kleckerburg. Kaum erlauben sommerliche Temperaturen den Sprung ins kühle Nass der Ostsee, bauen die kleinen und größeren Kinder, meist unter fachmännischer Aufsicht des Vaters, ihren Traum aus Sand.

No summer without a sand castle! As soon as the summer temperature allows visitors to jump into the cool waters of the Baltic Sea, children small and large build their dreams from sand, mostly under the expert eyes of their fathers.

Ingen sommar utan ett sandslott. Så snart som sommartemperaturen tillåter ett dopp i Östersjöns kalla vatten, bygger de små och större barnen, ofta under sakkunnig faderlig ledning, sin dröm av sand.

Zu den festen sportlichen Einrichtungen am Badestrand gehören die Volleyballnetze an den Abgängen 24, 42 und 56, wo sich Jung und Alt zu spannenden Spielen treffen. Wassersportler kommen an den Stationen für Paragliding, Tretbootfahren und Wasserskiing auf ihre Kosten.

The volleyball nets at beach access points 24, 42 and 56 are permanent fixtures where young and old meet to enjoy exciting games. Water sport enthusiasts also come here to have a good time paragliding, pedal-boating and water skiing.

Fasta idrottsanläggningar på badstranden är volleybollnäten i zon 24, 42 och 56. Där träffas gammal som ung för att ha spännande matcher. Den som gillar vattensport har möjlighet till det vid stationerna för paragliding, trampbåt och vattenskidor.

Der Springbrunnen mit den zwei Kindern unter dem schützenden Regenschirm ist ein Ausgangspunkt für den Besuch des Kurparks. Im Jahr 2002 wurde die kleine Gartenanlage gegenüber dem Haus des Gastes angelegt und wird seitdem rege genutzt.

The fountain with two children under a protective umbrella is a starting point to visit the spa gardens. The small park opposite the "Haus des Gastes" has been popular with visitors since it was opened in 2002.

Fontänen med de två barnen under det skyddande paraplyet är en utgångspunkt för ett besök i kurparken. Den lilla trädgårdsanläggningen mitt emot »Haus des Gastes« anlades år 2002 och används flitigt sedan dess.

1896 eröffnete die Gemeinde Binz nach zweijähriger Bauzeit ein eigenes Haus mit Gemeinde- und Kurverwaltung, einem Lesesaal, einer Gemeindevorsteherwohnung und natürlich einem Warmbad mit insgesamt 17 Badezellen.
Im »Haus des Gastes« betreiben die Binzer heute die Touristeninformation, die Bibliothek mit Leseraum, eine Galerie, das Hochzeitszimmer und einen Veranstaltungssaal.

In 1896, two years after construction began, the local authority in Binz opened an administrative and visitor centre including a reading room, a mayoral apartment and, naturally, a heated bath with a total of 17 bathing units. Today, this centre, known as the "Haus des Gastes", houses the tourist information office of Binz, the library with reading room, a gallery, the wedding parlour and an auditorium for large events.

1896 öppnade Binz kommun efter två års byggandet ett eget hus för kommun- och kurförvaltningen, en läsesal, en lägenhet till kommunföreträdaren och förstås ett varmbad med sammanlagt 17 badhytter. I »Haus des Gastes«, Gästens hus, driver Binzinnevånarna idag turistbyrån, biblioteket med läsesalen, ett galleri, bröllopsrummet och ett evenemangsrum.

»Tusculum« nannte der Besitzer dieser Villa seinen Wohnsitz und orientierte sich vielleicht am römischen Vorbild. Der Staatsmann und Philosoph Cicero, der seine Villa ähnlich betitelte, sorgte dafür, dass Tusculum als Bezeichnung für einen Ort geläufig wurde, der sich für geistige Tätigkeiten förderlich auswirke.

The owner of this villa named his residence "Tusculum", probably taken from a Roman villa. The statesman and philosopher Cicero gave his villa a similar name and thereby ensured that Tusculum became common as the designation for a place stimulating intellectual and spiritual activities.

»Tusculum« kallade ägaren till denna villa sin bostad, kanske efter romersk förebild. Statsmannen och filosofen Cicero med en villa med liknande namn, gjorde »Tusculum« känt som beteckning för en plats för främjande av intellektuell aktivitet.

Wie ein Stielauge lugt der weiße, nach allen Seiten hin abgerundete Rettungsturm aus den Dünen hervor, meinte die Architektin Uta von Debschitz, die damit eine der typischen Konstruktionen des Bauingenieurs und Architekten Ulrich Müther beschrieb. Die gewölbte Schale aus Beton gilt als die weltweit bekannte Müther'sche Architektur, wie er sie im Norden Deutschlands, aber auch in Libyen, Kuwait oder Finnland platzierte. Das Binzer Modell stammt aus dem Jahr 1968 und steht am südlichen Teil der Strandpromenade.

The architect Uta von Debschitz described the rounded rescue tower, a design typical of the building engineer and architect Ulrich Müther, as an eye gaping out of the dunes. The curved cement shell is known world-wide as Müther's trademark and can be found not only in northern Germany but also in Libya, Kuwait and Finland. The example in Binz dates from 1968 and is located at the southern end of the beach promenade.

Som ett öga på skaft tittar det vita, åt alla håll avrundade räddningstornet fram ur sanddynen. Så uttryckte sig arkitekt Uta von Debschitz, då hon beskrev en av de typiska konstruktionerna av byggnadsingenjör och arkitekt Ulrich Müther. Den välvda betongskålen är en del av den världskända Mütherska arkitekturen som han placerade i norra Tyskland, men också i Libyen, Kuwait eller i Finnland. Modellen i Binz härstammar från år 1968 och står vid strandpromenadens mest sydliga del.

Die Binzer Familie Kuse betreibt die »letzte Fischräucherei am Fischerstrand« schon in vierter Generation an diesem Standort. Frisch geräucherte Leckerbissen aus der Ostsee gibt es hier aus erster Hand.

The Kuse family operates the last remaining smoke house at the fishermen's beach in Binz which has been at this location for four generations. Freshly smoked delicacies from the Baltic Sea are on offer here.

Familjen Kuse från Binz driver det »sista fiskerökeriet vid fiskestranden«. Det har funnits vid samma plats i numera fyra generationer. Färskrökta delikatesser från Östersjön kan här köpas direkt ur första hand från rökeriet.

Am Fischerstrand, dem südöstlichen Ende der Strandpromenade, begann man Anfang des 20. Jahrhunderts mit der Bebauung von Grundstücken, die nur einen Katzensprung von dem schützenden Dünenstreifen entfernt waren. Die Villa Halali ist das erste Haus in der Reihe der hier errichteten Gebäude.

On the fishermen's beach, at the south east end of the promenade, building began at the start of the 20th century on plots only a stone's throw from the protecting dunes. The "Halali" villa was the first of the houses to be erected at this location.

Vid fiskestranden, den sydöstliga delen av Strandpromenaden, startades i början av 1900-talet bebyggandet av tomter som låg bara några meter från de skyddande sanddynerna. Villan »Halali« är första huset i raden av de här uppförda byggnaderna.

Frühstück gleich hinter der Düne – wer möchte seinen Tag nicht so beginnen? Das Hotel Kempinski, das sich in die erste Klasse der hiesigen Hotelanlagen einreiht, bietet seinen Gästen diesen Komfort.

Breakfast right next to the dune – who would not like to start the day this way? The Kempinski Hotel, one of several first class hotels, offers its guests this luxury.

Frukost direkt bakom sanddynen - vem ville inte börja dagen på det sättet? Hotell Kempinski, som tillhör första klassen av hotellanläggningarna, erbjuder gästerna denna komfort.

Mehr als 100 Jahre birgt die Strandhalle eine Gaststätte – eine der ersten des Badeortes. Zwischenzeitlich dienten die Räumlichkeiten sogar als Kinosaal.
Heute werben die Betreiber des Hauses in der nostalgischen Einrichtung mit einem freundlichen Service in origineller Form: »Fein-bürgerliche Küche, klein-bürgerliche Preise und groß-bürgerliche Portionen.«

For more than 100 years the "Strandhalle" has housed a restaurant, one of the first in the resort. At some point in time it even functioned as a cinema.
Today, the hosts of this nostalgically furnished restaurant seek to attract customers with friendly service and the offer of fine cuisine at low cost and in large portions.

Sedan mer än 100 år finns en krog i »Strandhalle« - en av de första i badorten. Tidvis tjänade rummen t o m som biografsal. Idag bjuder de som driver den nostalgiska inrättningen med vänlig service på ett originellt sätt på »fin-borgerlig mat, småborgerliga priser och storborgerliga portioner«.

Das zweigeschossige Holzhaus mit seinem T-förmigen Grundriss fällt aus der Reihe der weißen Bädervillen, die in der Putbuser Straße nach 1870 bezogen worden sind. Mit sehr viel Liebe zum Detail ließen es sich die Bauherren nicht nehmen, hier ein Schmuckstück zu bauen, das wegen seiner Farbgebung eher in einem schwedischen Städtchen Platz fände.

This two-storey wooden house with its T-shaped ground plan stands out amongst the white spa villas which were built after 1870 in Putbuser Straße. With a lot of attention to detail the clients created a gem which, with its colours, would be more at home in a small Swedish town.

Tvåvånings-trähuset med dess T-formade grundritning sticker ut i raden av vita badvillor som ägarna flyttade in i efter 1870 på Putbuser Straße. Med stor kärlek för detaljer ville byggherrarna inte avstå från att bygga en pärla som beroende av färgen hellre skulle passa in i någon svensk småstad.

Nach der jahrelangen Spendenaktion für den Bau einer eigenen Kirche freuten sich die Binzer 1914 über die Fertigstellung der neugotischen Saalkirche in der Bahnhofstraße. Bemerkenswert an dem Backsteinbau sind neben der fehlenden Ost-West-Ausrichtung der Turm sowie seine Spitzbogenblenden im Baustil der Neuen Sachlichkeit.

After years of raising funds for a church of their own the people of Binz where delighted when in 1914 the neo-Gothic hall church in Bahnhofstraße was completed. Features worth noting about this brick building include the fact that it is not aligned east-west, its tower and the trim around the pointed window arches in the “New Functionalism” style.

Efter att i många år samlat in pengar till bygget av en egen kyrka kunde invånarna i Binz glädja sig åt att den nygotiska salkyrkan på Bahnhofstraße stod färdig 1914. Att tornet inte är placerat i riktning öst-väst är lika märkligt som tegelbyggnadens blindspetsbågar i den nya saklighetens byggnadsstil.

Am 22. Juli 1895 erhielt Binz mit dem Anschluss an die Rügensche Kleinbahn dieses kürzlich restaurierte Bahnhofs-Empfangsgebäude.
Der Haltepunkt ist Bestandteil der 24 Kilometer langen Strecke zwischen Putbus und Göhren, die man damals in nur fünf Jahren baute.

This station building, which has recently been renovated, was opened on 22 July 1895 when Binz was linked to the Rügen narrow-gauge railway system.
The stop is on the 24-kilometer-stretch between Putbus and Göhren, which, at that time, took only five years to construct.

Den 22. juli 1895 fick Binz i anknytning till Rügens järnväg också denna nyligen restaurerade stationsbyggnad. Hållplatsen är del av den 24 km långa sträckan mellan Putbus och Göhren, vilken byggdes under bara fem år.

»Rasender Roland« nannten die aus Sachsen und Thüringen stammenden Badegäste die Kleinbahn. Vor allem in den Sommermonaten ist sie eine willkommene Abwechslung für Touristen, um von einem zum anderen Ostseebad zu gelangen.

Visitors from Saxony and Thuringia gave the name "Rasender Roland" (Racing Roland) to the narrow-gauge railway. Particularly in the summer months, it is a welcome means of travel for tourists between Baltic Sea resorts.

»Rasender Roland« kallade badgästerna från Sachsen och Thüringen tåget. Framför allt på sommaren är det en välkommen omväxling för turisterna för att komma från den ena till den andra av Östersjöbadorterna.

Besinnliche Stunden ganz in der Nähe des gut 135 Hektar großen Schmachter Sees genießen Einwohner und Gäste an der neuen Promenade, die zur Internationalen Gartenausstellung in Rostock (2003) entstand und eine willkommene Abwechslung vom turbulenten Strandleben ist. Nicht umsonst gab man dieser Anlage daher den Namen »Park der Sinne«.

In the vicinity of the 135 hectare Schmachter See, residents and guests alike enjoy hours of quiet contemplation along the new lakeside promenade which was designed for the international garden festival in Rostock (2003); it provides a welcome change from the boisterous life on the beach. For good reason it was named the "Park der Sinne" (park of the senses).

Alldeles nära den 135 hektar stora insjön, Schmachter See, njuter invånare och gäster av fridfulla stunder på den nya promenaden som tillkom till den internationella Trädgårdutställningen i Rostock 2003. Det ses som ett omväxlande utflyktsmål i kontrast till det livliga strandlivet. Inte utan orsak kallas anläggningen för »Park der Sinne«, sinnenas park.

Der Sonnenuntergang über dem naturgeschützten Schmachter See zieht viele Touristen in seinen Bann. Zu Recht ließ hier die Gemeinde den Park der Sinne entstehen, durch den der Radweg führt, auf dem man nach 3,8 Kilometern Fahrt in nördlicher Richtung im Ortsteil Prora ankommt.

The sunset on Schmachter See nature reserve is a major tourist attraction; the local authority created the "Park der Sinne" here for good reason. A 3.8 km cycle track goes through the park, heading northwards to Prora.

Solnedgången över den naturskyddade Schmachter Sjön förtrollar många turister. Med rätta lät kommunen bygga »sinnenas park« här, genom vilken man efter en 3,8 kilometerlång färd i nordlig riktning kommer till stadsdelen Prora.

Aus einer alten Ferienanlage des Freien Deutschen Gewerkschaftsbundes der DDR entpuppte sich Anfang der 1990er mit viel Mühe ein Ferienpark, der mit seinen drei Buchstaben IFA nicht nur wirbt, sondern auch Qualität verspricht. Neben komfortablen Unterkünften und empfehlenswerten Restaurants gibt es seit 1992 auch zahlreiche Wellness- und Fitnessangebote.

At the beginning of the 1990s a great deal of effort went into converting the former holiday centre of the GDR Free German Trade Union Federation into a holiday park, now belonging to the IFA group of quality hotels and resorts. Apart from well-appointed accommodation and commendable restaurants, health and fitness facilities have been available here since 1992.

Ur en gammal semesteranläggning, grundad av fackföreningen FDG i DDR, utvecklades i början av 1990-talet med mycket omsorg en semesterpark, som inte bara gör reklam med bokstäverna IFA utan också lovar kvalitet. Förutom rum med hög komfort och restauranger som är värda att rekommendera finns det sedan 1992 även många erbjudanden vad gäller spa och idrott.

Das Erlebnisbad »Vitamar« mit einer attraktiven Saunalandschaft erfreut viele Freunde des gesunden Lebens. Als Schlechtwettervariante für Schwimmer und Badende, aber auch als tägliches Wohlfühlprogramm bietet es die besten Voraussetzungen. Physikalische Therapien und Solarien sorgen zudem für die Abrundung eines heilkräftigen Urlaubs an der See.

The "Vitamar" adventure pool with an attractive sauna complex is enjoyed by many health seekers. It offers a daily fitness programme as well as a bad weather alternative for swimmers and bathers. Physical therapy and sunbeds round off the recuperative benefits of a holiday by the sea.

Den som vill leva hälsosamt kan ha glädje av upplevelsebadet »Vitamar« med attraktiva bastuanläggningar. Som ett alternativ till stranden erbjuder badet bästa förutsättningar vid dåligt väder och för det dagliga välmåendet. Kroppsliga terapier och solarier avrundar en hälsosam Östersjövistelse.

Prora – vor 100 Jahren noch ein unberührtes und unbekanntes Stückchen der Insel – entdeckten die Nationalsozialisten für ihr beispielloses Projekt »Kraft durch Freude« (KdF). An Rügens Ostküste planten sie ein Bad, in dem einmal 20.000 Menschen Urlaub machen sollten. Nach 1937 entstanden sämtliche Gebäude im Rohbau, die nach dem Zweiten Weltkrieg zum überwiegenden Teil als Kaserne der NVA genutzt wurden.

Prora – 100 years ago still an unspoilt and unknown corner of the island – was discovered by the National Socialists for their unparalleled "Kraft durch Freude" project. They had planned a resort on the east coast of Rügen where eventually 20,000 people could holiday. Construction of buildings began in 1937, and after the Second World War they were mainly used as barracks for the People's Army.

Prora – för hundra år sedan fortfarande en oberörd och okänd bit av ön - upptäcktes av nationalsocialisterna för deras makalösa projekt »Kraft durch Freude« (»kraft genom glädje«). Vid Rügens östkust planerade de ett bad, där mer än 20.000 människor skulle semestra. Efter 1937 tillkom stommen av samtliga byggnader. Mer hann dem inte bygga. Efter andra världskriget användes byggnaderna som kasern, åt den östtyska armén NVA.

Mit dem Abzug der Soldaten zog die Öffentlichkeit in das wohl längste Gebäude des Nordens ein. Museen und Galerien, die sich unter anderem mit der Geschichte des Hauses im Dritten Reich und der NVA-Zeit beschäftigen, bieten Informationen über das Riesengebäude, das heute unter Denkmalschutz steht.

What is probably the longest building in the north became a public venue after the soldiers had left. Museums and galleries relate the history of the site during the Third Reich and in GDR times and provide general information about this now listed building.

Med soldaternas avtåg flyttade offentligheten in i den förmodligen längsta byggnaden i norra Tyskland. Museer och gallerier berättar om byggnadens historia under det Tredje Riket och NVA-tiden och erbjuder information om jättebyggnaden, som idag är k-märkt.

In dem Naturschutzgebiet »Schmale Heide« erstrecken sich die Feuersteinfelder entlang der Ostseeküste. Dabei handelt es sich um 14 hintereinander liegende und gut zwei Kilometer lange grau-weiße Geröllwälle, die sich zum überwiegenden Teil aus Feuersteinen zusammensetzen. Vor mehr als 3500 Jahren wurden sie bei starkem Sturmhochwasser aufgeworfen und lagerten sich nach dem Absinken des Meeresspiegels hier in dieser unvergleichlich massiven Art ab.

Fields of flint pebbles extend along the Baltic Sea coast in the Schmale Heide nature reserve. They consist of 14 grey-white mainly flint embankments, arranged one behind the other and extending for a good two kilometres in length. They were produced by storm tides more than 3500 years ago and became exposed to form this incredible sight when the sea level dropped.

I naturreservatet »Schmale Heide« utbreder sig flintaåsarna längs Östersjökusten. Fjorton, drygt två kilometer långa, grå-vita rullstensvallar ligger på rad och består till största delen av flintsten. För mer än 3500 år sedan kastades upp i högvattnet under en kraftig storm. De avlagrades här, på detta ojämförligt massiva sätt, efter det att havsytan sjunkit undan.

Fürst Wilhelm Malte zu Putbus hinterließ mit seinem Jagdschloss in der Granitz eines der meistbesuchten Gebäude auf der Insel Rügen. Zwischen 1836 und 1844 entstand das heutige Museum auf einem Plateau in der Waldung Granitz. Unterhalb des Jagdschlosses befindet sich das ehemalige Gast- und Forsthaus, in dem das Biosphärenreservat Südost-Rügen eine sehenswerte Ausstellung zeigt.

The Granitz hunting lodge of Prince Wilhelm Malte of Putbus is one of the most visited buildings on the island of Rügen. Between 1836 and 1844 what is at the present-day a museum was built on a plateau in the Granitz forest.
Below the hunting lodge is the former guest and forester's house where an exhibition put on by the "Biosphärenreservat Südost Rügen" (South East Rügen Biosphere Reserve) is well worth a visit.

Furst Wilhelm Malte av Putbus efterlämnade med sitt jaktslott i Granitz en av de mest besökta byggnaderna på ön Rügen. Mellan 1836 och 1844 tillkom det nuvarande museet på en platå i skogen Granitz. Nedanför jaktslottet finns det före detta gäst- och skogshuset, där biosfär-reservatet Südost-Rügen visar en sevärd utställning.

Über die 1845 eingebaute gusseiserne Treppe erreicht man nach 154 Stufen die Aussichtsplattform des Jagdschlosses, die in 47 Metern Höhe und bei gutem Wetter einen herrlichen, ja sogar himmlischen Ausblick in südlicher Richtung auf die Halbinsel Mönchgut eröffnet.

The wrought-iron stairway with 154 steps leading to the viewing platform of the hunting lodge dates from 1845. At a height of 47 metres and in good weather one has a beautiful, indeed heavenly, view to the south and the Mönchgut peninsula.

Via trappan av gjutjärn, som byggdes år 1854, når man efter 154 trappsteg jaktslottes utsiktsplattform. Vid fint väder bjuder den, med sina 47 meters höjd, på en härlig, ja till och med himmelsk vy söderut över halvön Mönchgut.

In nördlicher Richtung kann der aufmerksame Beobachter vom Jagdschlossturm und damit von der höchsten Erhebung des Buchenwaldes Granitz den Schmachter See, Teile des Ostseebades Binz und die Ostsee sehen. Seit 1989 ist der Mittelturm des Schlosses nach umfangreicher Renovierung wieder für Besucher zugänglich.

In a northerly direction visitors on the hunting lodge platform, and thus the highest elevation in the Granitz forest, can see Schmachter See, parts of the resort of Binz and the Baltic Sea. Since 1989, following extensive renovation work, the middle tower of the lodge has again been opened to the public.

I nordlig riktning från jaktslottets torn – den högsta punkten i bokskogen Granitz – ser den som tittar noggrant Schmachter See, delar av badorten Binz och Östersjön. Sedan 1989 är slottets mittersta torn åter öppet för publiken efter en omfattande renovering.

Der Fürst zu Putbus ließ in und um Putbus nach französischem Vorbild zahlreiche Alleen anlegen. Die Allee zwischen Lancken-Granitz und dem Jagdschloss gehört zu den Investitionen, die der Fürst damals vor fast 200 Jahren getätigt hat. Dazu gehören die eleganten, schmiedeeisernen Wegweiser, die man heute noch an den Knotenpunkten der Straßen entdeckt.

The Prince of Putbus had many avenues laid out in accordance with French design in and around Putbus. The avenue between Lancken-Granitz and the hunt ing lodge is part of the investment made by the Prince almost 200 years ago. The elegant wrought-iron road signs still to be seen at road junctions date from that time.

Fursten av Putbus lät efter fransk förebild anlägga talrika alléer i och omkring Putbus. Allén mellan Lancken-Granitz och jaktslottet hör till investeringarna som fursten gjorde för 200 år sedan. Fortfarande kan man upptäcka de tillhörande eleganta vägvisarna av smidesjärn vid vägkorsningarna.

Kurzer Halt der Rügenschen Kleinbahn. Auf ihrer 24 Kilometer langen Strecke zwischen Putbus und Göhren hält sie in der Nähe des Jagdschlosses in der Granitz. Die Bahn war vor Jahrzehnten eines der wichtigsten Verkehrsmittel auf der Insel Rügen. Von einem damals sehr umfangreichen Streckennetz blieben jedoch nur einige Kilometer im Südosten übrig und erfreuen sich heute immer größerer Beliebtheit.

A short stop on the Rügen narrow-gauge railway. On its 24 km stretch between Putbus and Göhren it stops near the Granitz hunting lodge. A few decades ago this railway was one of the most important means of public transport on the island of Rügen. Only a few kilometers of what was once a very extensive rail network are left in the south east and this remaining part is today becoming ever more popular.

Liten tågrast. På den 24 kilometer långa sträckan mellen Putbus och Göhren stannar tåget i närheten av jaktslottet i Granitz. Tåget var för några decennier sedan ett av de viktigaste kommunikationsmedeln på ön Rügen. Av det vid den tiden mycket omfångsrika järnvägsnätet, finns emellertid idag bara några få kilometer kvar i sydöst, men det blir en mer och mer populär attraktion.

»Rügen ist immer eine Reise wert und das Ostseebad Binz natürlich ganz besonders. Hier findet man zu jeder Jahreszeit alle Annehmlichkeiten, die zu einem erholsamen Urlaub beitragen.« Mit dem Spruch wirbt die Kurverwaltung für einen Ort, der bei jedem Wetter sehenswert ist. Wie vor 100 Jahren hat sich Binz erneut zu einem »weißen Traum« entwickelt, von dem wir nun Abschied nehmen.

"Rügen is always worth a visit and, of course, especially the Baltic Sea resort of Binz. Here one finds every comfort which contributes to a relaxing holiday - all year round." With this claim the tourist authorities advertise a resort which is worth a visit in every season of the year. Just as 100 years ago, Binz has become once again a "white dream"of which we must now take our leave.

»Rügen är alltid värd en resa och särskilt Östersjöbadorten Binz. Här finns allt som behövs för en vilsam semester året runt«. Med denna slogan gör kurförvaltningen reklam för en stad, som är sevärd under alla årstider. Liksom för hundra år sedan har Binz åter utvecklats till en »vit dröm« som vi nu tar farväl av.